がむしゃらに養鶏一筋

JN244291

語り　佐藤　義晃

目次

本書は秋田魁新報の聞き書き連載「シリーズ時代を語る」（二〇二四年五月十四日～六月十八日）を一冊にまとめたものです。一部を加筆・修正しました。

（聞き手＝高野正巳）

はじめに　父の代から「鶏一家」

鶏一筋で生きてきた父が秋田県大館町（現大館市）で始めた養鶏業を小学生の頃から手伝い、高校を出て後を継ぎました。私の妹二人と弟三人も全員、鶏に関わる仕事を経験しています。いわば「鶏一家」ですね。

父から引き継いだ「黎明舎種鶏場」は、いまは長女夫婦に託しています。私は会長として見守りながら、八十歳を超えたいまも農場に出て鶏に餌を与えています。

わが社の業務の中心は鶏卵の生産です。年間約二千トンを出荷しています。出荷量は県内同業者の中でも多い方ではありませんが、扱ってくれるお店、買ってくれる消費者の皆さんに支えられています。本当にありがたいことです。

卵は「物価の優等生」と言われます。かつては病気見舞いで持っていったりしたものです。身近な栄養源として安全・安心な卵を食卓に届けるのが私たちの使命です。今後も消費者が求める卵を長女夫婦が提供してくれると信じています。

鶏卵生産のほか、県が平成二十（二〇〇八）年に設けたブランド認証制度に基づいた比内（ひない）地鶏の素（もと）びなを、個人や養鶏業者に供給しています。これとは別に、めいの会社で育てて出荷している「高原比内地鶏」の素びなを孵化（ふか）させる仕事もしています。

黎明舎種鶏場の本社事務所前で、自社の卵を手に＝令和6年4月10日、大館市御成町4丁目

令和元（二〇一九）年に大館商工会議所の会頭に就任しました。年齢と立場のせいか、どうすれば持続可能な大館市をつくれるか真剣に思いを巡らせるようになっています。

曲げわっぱ、秋田犬、そして比内地鶏…。大館市には誇れるものが多くあります。これらをどう生かすか。元気なうち、少なくとも自分が関わってきた比内地鶏を活用した振興策を提唱したいと思っています。

■ 家業手伝いながら成長

観賞用鶏が生活の糧

私は昭和十五（一九四〇）年九月十五日に生まれました。扇田町（現大館市）生まれの父広一、大館町生まれの母ミヱ子の最初の子です。

父は小さい頃から自他共に認める「鶏ばか」で、扇田の市日（定期市）で売っている鶏を飽きずに見ていたと聞きました。それが高じ、尋常小学校卒業後の大正十二（一九二三）年、東京の滝野川町（現北区）にあった養鶏業者に勤めたそうです。

母も若い頃に上京し、旧財閥系の工場で住み込みのお手伝いさんとして働いていました。ほかの人が寝るまで床に就けず、朝は誰よりも早く起きなければならなかったので、つらかったと振り返っていました。

父と母は一時帰郷した際にお見合い結婚しました。両親は再び東京に戻り、塩谷広五郎さんという実業家が江戸川区に持っていた家に住むことになりました。塩谷さんは観賞用の鶏の収集が趣味で、父がその世話をすることが、わが家の生活の糧となったんです。

〈塩谷氏は愛知県生まれ。戦後の昭和二十一年、いまの岐阜県郡上市に製紙会社をつくり、二十三年に開発されたシルクスクリーン印刷（孔版印刷）の将来性に着眼して事業化。技術者の養成所を設けるなどスクリーン印刷の普及に貢献した〉

私の最初の記憶は江戸川区に住んでいた頃のものです。一家でお世話になっていた塩谷さん夫妻から「坊、坊」と呼ばれてかわいがられた思い出です。

終戦前に私たちは大館町へ引き揚げましたが、岐阜県へ移った塩谷さんとはそれからも交流が続きました。私が中学三年生の時には家族の間で「高校受験に失敗したら塩谷さんの会社に勤めさせてもらお

塩谷さん（左）と奥さん

うか」という話にもなりました。

私は志望校に合格し、岐阜県で働くという選択肢はなくなりましたが、高校卒業後、塩谷さんの家へ何度か遊びに行きました。塩谷さんは私の訪問を喜んでくれました。

空襲警報いまも耳に

東京の江戸川区に住んでいた私たち一家は、昭和二十（一九四五）年三月の東京大空襲の後、大館町にある母の実家に身を寄せました。引き揚げの時には私の下に妹二人、弟一人がいたので、両親にとって子ども四人を抱えての帰郷は大変だったと思います。残る弟二人が生まれたのは大館町に戻ってからのことです。

江戸川区にいたのは四歳までですが、空襲警報はいまも耳に残っています。焼夷弾が落ちてくる「ヒュー」という音が聞こえ、防空壕に駆け込んだこともありました。家の近くで不発弾が見つかったこともあったような気がします。

ただ、一家でお世話になっていた塩谷さんが裕福で、私たちに良くしてくれたので、食べ物に苦労した覚えはありません。戦時下なのに塩谷さんが観賞用の鶏を飼い、父がそれを世話することで生活できたというのは、いま思うと考えられないですよね。

食べ物に苦労したのはむしろ大館町に来てからでしたね。私たちの世代にとっては珍しいことではありませんが、カボチャの茎を食べたりもしました。

小学校に入ってからは、弁当を持っていくことができませんでした。お昼になると体育館に行き、同じように弁当のない何十人もの仲間と時間をつぶしていました。

とはいえ、いまになれば、父が召集されずに家族そろって戦争を乗り切れただけでも幸せでした。父は体格が良く、当時は健康状態も悪くなかったので、なぜ召集されないのだろうと不思議に思ったものでした。

父の兄弟にも赤紙は来ませんでした。母方の親類の中には召集されて特攻隊員になった人もいたよう

幼かった頃（左から２人目）、両親、弟と

ですが、出撃することはなく、身内に戦死者はいなかったと聞きました。

玉音放送によって戦争が終わったと知ったのは、父と一緒に親類を訪ねた時のことだったと思います。

居間でひよこ育てる

東京から大館町へ引き揚げた私たち一家は、片山にある母の実家に一年ほどいさせてもらいました。その後、親類が大正町（現豊町（ゆたかちょう））に持っていた家に移り、三年ぐらい暮らしました。

大正町の住まいは総二階建ての一軒家で、一、二階にそれぞれ二世帯、合わせて四世帯が間借りしていました。私たちは一階に入り、隣には革新系の新聞を発行する人が住んでいました。二階の二世帯はどちらも芸者さんでした。

父はそんな中で鶏のひよこの商いを始めました。二部屋しかないわが家のうち、玄関に近い部屋が居間兼ひよこ置き場で、簡単な育雛器（いくすうき）がありました。奥の部屋が、私たちの寝起きする所でした。いわば集合住宅でピイピイ鳴くひよこを飼うなんて、いまでは考えられないですよね。

ひよこは地元ではなかなか手に入らず、いまの岩手県花巻市の仕入れ先から調達していました。それを小さいまま、あるいは一週間から十日間ほど育て、母が県北各地の市日で売っていました。

これがわが家の養鶏業の始まりと言っていいと思います。置いておくのがせいぜい十日間というのは、環境的にそれ以上の飼育が難しかったからです。のちにもっと大きくなるまで育てられるようになりますが、それは土地取得や施設建築を含めて設備投資ができるようになってからのことです。

主に扱っていたのは、身近にいる鶏の交雑種です。当時は戦後の食糧難の時代でした。

育雛器の前で笑顔を見せる母。間借りした部屋でひよこを飼っていた時期があった

人の食べ残しを与え、庭先で育てて卵をとり、産卵しにくくなったら食肉にするという家庭は珍しくなかったんです。

両親は帰郷して養鶏業を始めた頃、いずれはまた東京に行こうと考えていたようです。大館に根を下ろすつもりはなかったそうですが、結局は住み着くことになりました。

山田敬蔵選手を激励

小学校三年だった昭和二十四（一九四九）年、大正町の家から、いまの御成（おなり）町四丁目に引っ越しました。土地を取得し、仕事に必要な建物と自宅を造りました。

当時通っていたのは桂城（けいじょう）小学校です。私は絵が好きで、担任の先生は「佐藤君は将来、絵の方に進むのではないか」と思っていたようです。

遊びといえば、友達と川釣りに行くことぐらいだったでしょうか。冬は「竹スケート」を履き、雪道を走るバスの後ろにつかまり、引っ張ってもらって滑った記憶もあります。

担任の先生は六年間ずっと同じでした。その先生から六年生の時、思いもよらぬ役目を任されました。アメリカのボストン・マラソンに出場する山田敬蔵選手（当時、同和鉱業花岡鉱業所に所属）の壮行会で、児童を代表して激励の言葉を述べるように命じられたんです。

壮行会は公民館で行われました。どんな励ましの言葉を述べたかは覚えていませんが、多くの人の前で話したのは、あれが初めてだったと思います。ボストン・マラソンは私が大館第三中学校（現大館東中）進学後の四月に行われ、山田選手は見事、優勝しました。

〈山田氏は大館町生まれ。昭和二十七年ヘルシンキ五輪マラソン男子二十六位。翌二十八年四月のボストン・マラソンで優勝。この偉業を記念し、同年から山田氏の名を冠したロードレース大会が地元で行われている。平成十三（二〇〇一）年大館市名誉市民。令和二（二〇二〇）年に九十二歳で死去〉

ボストン・マラソンで大記録
山田選手堂々の優勝
西田、浜村、広島選手らも上位

快報に思わず家中万歳
近所の人から祝い攻めの留守宅

実に嬉しい

世界への誇り

〝山田選手よくやった〟
—本社速報に湧き返る県民—

作戦が図に当った
優勝の喜びを語る山田選手

山田選手のボストン・マラソン優勝を報じた
昭和 28 年 4 月 22 日付秋田魁新報

令和元年に大館商工会議所の会頭になってから、さまざまな場面であいさつするようになっています。少し前、私に大役を与えてくれた先生を訪ねて「小学校の時に貴重な機会をもらえたおかげで、人前で少しは話せるようになりました」とお礼を言ってきました。

社名、父の修業先から

　御成町に移ったわが家は、養鶏経営を本格化させました。孵化や育雛の設備を導入して業務を拡張するのに伴い、小学生の私が手伝う機会も増えました。

「黎明舎」を名乗るようになったのも御成町に移ってからです。これは父が独身時代に上京して修業させてもらった養鶏業者の名前です。東京の滝野川町にあった黎明舎は廃業しましたが、父は表札を譲り受けていて、御成町に来てそれを掲げて社名としたんです。御成町に来て飼育環境を充実させたことで、鶏のひなをハトぐらいの大きさになるまで飼えるようになりました。それによって収益率が上がりました。

　孵化直後のひよこは体温調節がうまくできず病気にかかりやすいんですが、大きくなるにつれてそのリスクは下がります。私たちが育てる手間の分だけ価格は高くなりますが、ひなの生存率は上がるので、買い手にもメリットはあるんです。

県北各地の市日ではその頃、ハトぐらいの大きさに育てた鶏のひな一羽を二百〜三百円で売っていました。七面鳥やアヒルのひなも扱い、七面鳥だと一羽千五百円でした。当時としてはいい現金収入でした。

小学生の私が、いまの岩手県花巻市にあった仕入れ先に注文電報を打つこともありました。「ヒヨコスグオクレ」とね。

私は六人きょうだいの一番上ということで、父にあちこちへ連れていかれました。お使いに出されることもよくありました。訪問先でお菓子をもらうと、その場では食べず、持ち帰って妹や弟に分け与えました。

小学生だった頃、私のあだ名は「父（と）っちゃん」でした。家の仕事を手伝ったり、妹を背負って学校に行ったりしていて、大人びたところがあったからでしょう。

父が修業先の黎明舎から譲り受けた表札。一家で御成町に移った後、これを掲げた

一方、父から言いつけられた仕事のせいで友達と約束した時刻に遅れ、「時間にだらしないぞ」と言われることもありましたね。

父の病で柔道部退部

昭和二十八（一九五三）年に大館市の桂城小学校を卒業し、大館第三中学校に進みました。科学部の部長を務め、火山模型を作って文化祭で披露しました。

絵を描くことや写真の撮影も好きでした。中学校では授業でクラスメートが水彩画を描く中、私だけ油彩画を描いていました。油絵の具は臭うので、みんなに嫌がられましたね。

高校は母の勧めに従って、大館鳳鳴高校の普通科に進学しました。中学校の恩師は、私は養鶏業の家の子どもだから、農業系の高校に進むのだろうと思っていたようです。

高校ではまず、中学校時代に所属した科学部の流れをくみ、地学部に入りました。天体観測をしたり、ラジオの気象情報を基に天気図を描いたりしたものです。

その後に入ったのは柔道部です。経験はなかったのですが、十和田町（現鹿角市）から通っていた柔道部の友人に誘われたんです。ただ、柔道部は二年の時に退部せざるを得ませんでした。父が病気で倒れ、養鶏の仕事を手伝う時間を増やさなければならなくなったからです。

父は酒好きでした。酒屋の店先で「もっきり」を楽しんでいました。気弱なところがあり、誰かに会う前に一杯ひっかけて勢いをつけていたようです。病気は結核でしたが、酒も影響していたのではないでしょうか。

それでも父の病気は、私が高校を退学して何とかしなければならないというほどのピンチではありませんでした。母が働き者で、父の不在を補って商売を切り盛りすることができたからだと思います。

母は東京にいた頃に住み込みのお手伝いさ

大館三中に通っていた頃（後列右から２人目）、友人たちと。科学部に所属していた

んとして苦労したせいか、活発で物おじしない人でした。「黎明舎の母さん」と呼ばれて親しまれていました。困り事があると地元選出の県議会議員に「これ、どうにかなりませんか」と談判するような、度胸のある女性でしたね。

自転車でひよこ運搬

大館鳳鳴高校在学中の私は、父が病気で倒れる前から、よく家業を手伝っていました。長男として「自分が手助けできればいいな」という思いがあったのは確かです。

手伝った仕事の中でも思い出深いのは、鶏のひよこの運搬です。県北各地の市日に持って行くんです。当時の市日では、庭先で鶏を飼っている農家などがひよこをよく買ってくれていました。

生まれたてのひよこは父が列車やバスで持って行きますが、ある程度育てたものは場所をとるし、臭いも強くなるので、そうたくさんは積めません。やや大きくなったひよこは箱ごと自転車の荷台に積んで、私が運ぶんです。引き合いが多い日は大館市御成町にあるわが家と、比内町（現大館市）扇田の市日会場の間を二往復することもありました。

ひよこは、母たち売り子が列車やバスで市日の会場に着くのに合わせて運ばなければなりません。私は暗いうちに自転車にまたがり、舗装されていない道路を走っていました。荷台の箱の中ではひよこがピイピイ鳴いていましたね。

鷹巣町（現北秋田市）や花輪町（現鹿角市）の市日会場に自転車でひよこを持って行くこともあり、そんな日は学校に遅刻しそうになりました。花輪の場合、わが家からは車でも片道五十分前後かかりますからね。

そういう経験によって根性がついたのだと思っています。とはいえ、自転車での運搬は一年中というわけではなく、四、五月が中心でした。この時期に孵化して秋から卵を産むようになる「春びな」は引き合いが多かったからです。

この経験は体力づくりにも役立ちました。高校時代、二学級合同の体育の

高校時代。春は自転車にひよこを積んで鷹巣や花輪まで運んでいた

授業で二千メートル競走をした時、私が一位でゴールしたんです。百人ほどいる男子の中で運動部員の友人たちを抑えてトップになり、「ひよこの配達で体を鍛えてきたからだな」と実感したものです。

■ 本格的に養鶏の道へ

「転卵」六時間おきに

昭和三十四（一九五九）年三月に大館鳳鳴高校を卒業し、「黎明舎孵化場」に入りました。ごく自然に父の後を継ぐことになりました。

当時の私の主な役割は、鶏の卵からひよこを孵化させることでした。大正町に住んでいた頃に孵卵器を一台導入し、御成町の現在地に来てから四台に増やしました。それに卵を据え付け、孵化したひよこの取り出しや、次の卵をセットするための準備をしました。研修や修業をした記憶はないので独学ですね。

孵化させるための卵を産む鶏のことを「種鶏」と言います。種鶏が産んだ卵は孵卵器にセットし、七～十日後に最初の「検卵」をして無精卵か有精卵かを見極めます。暗い所で明かりに透かすと、無精卵は白っぽく、有精卵は目や血管が見えるようになるんです。

ひよこの需要期の春は、自社の種鶏だけでは孵化用の卵を確保できません。そのため付き合いのある農家に種鶏の飼育を委託し、産んだ卵を一個二十円ほどで引き取ることで需要に見合う量を賄いました。

当時主に孵化させていた鶏種は、卵肉兼用種の横斑（おうはん）プリマスロックの雄と、肉用種のロードアイランドレッドの雌を交配したものだったと思います。ロードアイランドレッドの雌は、肉用の比内地鶏を生産するために秋田比内鶏の雄と掛け合わせる鶏でもあります。

孵卵器の外側では温風ファンが回り、卵を温めます。有精卵は向きを変えてあげなければなりません。胚が卵殻に癒着したり、一部分だけ温められたりすると、発育が止まってしまう恐れがあるからです。「転卵」と呼ばれるこの作業を、一日四回、六時間おきにしていました。

いまの孵卵器は自動転卵機能が備

黎明舎孵化場で使用していた孵卵器。1日4回、卵の向きを変えていた

わっていますが、当時は人の手で行わなければならなかったのです。未明の転卵作業は大変でした。

きりたんぽ携え営業

父の下、黎明舎孵化場で働き始め、営業活動も受け持ちました。当初は兼業養鶏をしている農家向けに卵肉兼用種を、その後は採卵種のひよこも売るようになり、取引先を広げる必要があったんです。

東北一円のほか、いまの新潟県長岡市や北海道苫小牧市、それに関東各地を回りました。当時乗っていた営業車の月間走行距離は五千キロに上りました。よく走ったものだと思います。若かったんでしょうね。

もちろん、全ての訪問先が取引してくれるわけではありません。それでも各地で経済連を含む農協（ＪＡ）関係機関に顔を出し、役職員と親しくなると、ひよこを欲しがっている農家や養鶏業者の情報が入るようになりました。取引の見込みがありそうなところには、贈答用のきりたんぽを携えてセールスに行ったものです。

あの頃、既に各地に卵の自動販売機があり、私は設置場所を巡って写真を撮りました。その写真を営業先の方に見せて「こういう販路もありますよ」と、売り方を含めた提案をするんです。わが社は自販機を扱っていませんでしたが、私の提案を歓迎してひよこを仕入れてくれる人もいました。

忙しかった一方で、それなりに青春も謳歌(おうか)しました。高校卒業後には「希望の会」というサークルを立ち上げました。百貨店の「正札竹村」＝平成十三（二〇〇一）年閉店＝や金融機関に勤める人など若い男女二十人以上が入会していました。

このサークルでは、月一、二回、いまの大館市大町にあったお菓子屋さんの上階を借りておしゃ

福島県で撮影した卵の自動販売機の写真。販路拡大の提案を含めた営業に活用した

べりしたり、近くの山に登ったりしていました。私は仕事で開始時刻に遅れることが多かったので、仲間によくたしなめられました。

その反省は今日に生きています。会頭を務めている大館商工会議所の用事があるときは、集合時間の三十分前には会場に着くようにしています。

カナダ産の鶏に着目

営業で走り回っていた二十～三十代は、高度経済成長期の真っただ中でした。残飯を与えて鶏を飼い卵をとる「庭先養鶏」は、県内外ともに減りつつありました。ひよこの売り先の中心が専業養鶏の人たちになるにつれて、戦後の食糧難の時代は終わったのだなと感じたものです。

わが社で扱う種鶏も卵肉兼用種から採卵種、それも外国産にシフトしました。同じ量の餌で国産より多くの卵を産み、生存率も高い鶏がどんどん入ってくるようになったからです。

〈鶏のひよこは昭和三十七（一九六二）年に輸入自由化。この年の輸入量は全国で約九万羽だったが、翌三十八年には約百二十二万羽に増えた。四十五年には日本の採卵鶏の八割近くを輸入種が占めるようになった〉

大半は欧米産で、最も多い時期だと三十種類以上が日本に入ってきていたと思います。私が着目したのはカナダの会社が育てて改良した鶏でした。静岡県の会社がいまの全農の支援を受けて日本の輸入総代理店となり、取扱業者のネットワークを構築しました。その一つがわが社です。

この鶏は国内の養鶏業者の間でも一目置かれていました。営業先で紹介すると「あれはいい鶏なんだってね」と興味を持ってもらえました。輸入総代理店の役員には全農出身者もいたので、全農のお墨付きを得ている鶏なら大丈夫だという見方も広がっていたんです。

私が当時乗っていた営業用のライトバンの側面には、この鶏のロゴマークをでかでかと付けていまし

20代の頃（後列左端）、サークルの仲間たちと十和田湖で

た。取扱業者の会合が開かれる栃木県の会場までその車で行ったら、「この車で回っているのか」と驚かれたり、笑われたりしましたね。

その頃は輸入総代理店から種鶏を仕入れ、その卵からひよこをとり、北海道から関東まで各地の採卵養鶏業者に届けていました。最盛期には年間百五十万羽を出荷していました。いい鶏だけに仕入れの費用はかさみましたけどね。

機械化、鶏種にも影響

わが社が採卵養鶏業者向けに出荷するようになったカナダの会社の鶏は、養鶏の機械化がいまのように進んでいなかった時代には、とても重宝されました。国産種より卵の生産性が高かったし、卵自体も大きかったからです。昭和四十～五十年代は大玉が人気だったんです。

しかし採卵施設でオートメーション化が図られるようになると、その大きさがネックになりました。手作業で卵を集めていた時代には気にならなかったような問題が生じたんです。大玉であるがゆえに卵同士が接触しやすく、割れやひびのリスクが高くなったんです。

手作業では卵があると気付いたら拾えばいいんですが、卵がベルトコンベヤーで運ばれるようになると、ベルトにのっている卵に、転がってきた別の卵がぶつかる場面も出てきました。それによってひびが入ると、そこから傷んでしまいます。これをデメリットと受け止め、敬遠する取引先が出てきました。

この鶏の輸入総代理店である静岡県の会社は、別の海外産鶏の独占販売権を獲得して巻き返しを図りました。わが社を含む国内の取扱業者は協会をつくって宣伝・研修などの活動を展開しました。私はこの協会の会長を務め、普及に向けて活動しましたが、勢いが徐々に失われていくのを感じましたね。

代わって注目されるようになったのが、アメリカの会社の鶏でした。卵はカナダの会社のものより小さめでしたが、殻が頑丈でした。ベルトコンベヤーで運んでも傷つきにくく、機械化養鶏にマッチしているという印象を持ちました。わが社でいま生産している卵も、

カナダ産鶏の取扱業者が集まった研修会で（左）＝平成14年、大館市

この鶏が産んでいるものです。

〈採卵鶏業界では世界規模で企業の合併・買収（M&A）が繰り返されてきた。現在はオランダの会社とドイツの会社が世界市場を二分している。黎明舎種鶏場がひよこを導入していたカナダの会社はオランダの会社に吸収された〉

代金回収、苦労の連続

鶏のひよこを売る仕事は、苦労の連続でした。カナダの会社のひよこを静岡県の輸入総代理店から仕入れていた頃は、あらかじめ全ての売り先が決まっているわけではなく、売ったはいいけど代金が回収できないということもありました。

輸入総代理店からひよこを一万五千羽仕入れたとします。その時点で、半分は取引実績があり、支払い能力も確かなところに売ることになっています。ただ、残り半分は営業活動を通じて、自分で売り先を見つけなければなりませんでした。

そうやって探した売り先の中には小規模な養鶏業者もあり、経営難に陥って支払い不能になるところもありました。一部だけでも回収しなければならないと、埼玉県まで車を走らせたこともありましたね。

こちらは輸入総代理店に仕入れ代金を納めなければならないわけですから、とても大変でした。従業員に給料を払うのにも苦労した記憶があります。とはいえ、苦しい中でも「まあ、こういうもんだろう」という気持ちがありました。若かったし、ハングリー精神もあったのかなと思います。

　商品が生き物なので、病気や死亡によるロスは避けられません。だからこそ、それを最小限にして全て元気に納品したいと思い、ワクチン投与などの手間暇をかけているんですが、思わぬトラブルになったこともありました。

　ある養鶏業者にひよこを送ったところ、「お宅から届いたひよこが病気になっている」と連絡がありました。健康状態に問題がないことを確認した上で出荷したのですが、相手は「今回届いたひ

昭和 30 年代に使っていた社用車。ひよこを積んであちこちに走らせていた

なの代金は払わない」と言うんです。

この件では訴訟を起こしました。双方とも裁判所からの和解勧告を受け入れ、一部を払ってもらうことになったんですが、結果的に払ってもらえませんでした。長い養鶏人生の中でも苦い思い出です。

■ 事業拡大、充実の日々

二十六歳で二代目社長に

昭和四十一（一九六六）年十一月、創業者の父と代替わりし、二代目の社長を務めることになりました。私が二十六歳の時です。父は健在でしたが、私は社長就任前から母と一緒に実質的な商いを取り仕切るようになっていたので、肩書が変わっても気負いはありませんでした。

同時に「黎明舎孵化場」という名前を「黎明舎種鶏場」に改めました。卵を産ませるための種鶏となるひよこをある程度育てて出荷する業務が柱になりつつあったからです。そのため社長就任と前後して、さまざまな融資制度を活用しながら施設の拡充を図ってきました。

その皮切りが、大館市釈迦内（しゃかない）に建てた種鶏の育雛施設です。畜産の仕事では、鳴き声や臭いには気を使わなければなりません。本社と孵化施設がある大館市御成町には住宅も多く、そこで育雛事業を拡張するのは困難だったんです。

とはいえ、釈迦内に人が住んでいないわけではありません。新たに造った施設のそばには、鉱山関係の会社の社宅がありました。いまのようにエアコンが普及していなかったため、社宅の人たちは夏場、窓を開けて寝るんですが、朝方に私どもの鶏が鳴くので、苦情がきたこともありました。

そのため釈迦内での事業は徐々に縮小していきました。四十年代前半には能代市の「奥羽種鶏場」に育雛機能の一部を移しました。これは二歳下の妹が夫とつくった種鶏場です。

その後、愛知県の飼料会社が森吉町（現北秋田市）に持っていた施設を買い受け、採卵農場としました。「大野台テスト農場」と名付けています。また、鷹巣町（同）の養鶏施設を競売で落札し、「クリーンチック」

20代の頃、愛車にまたがって

という新たな育雛拠点としました。能代市の種鶏場と共に稼働しています。いま御成町で手がけているのは孵化だけです。隣近所に迷惑にならないよう、孵化施設には厚さ十センチの防音断熱材を使っています。施設内の音が外まで響くことはまずありません。

妹の友人とお見合い

妻の好子(よしこ)と結婚したのは昭和四十五(一九七〇)年十二月五日のことです。妻は前田村(現北秋田市)の生まれで、私の三歳下の妹と大館桂高校(現大館桂桜(けいおう)高)で同じ学年でした。

私は四十一年に黎明舎種鶏場の社長になっていて、四十五年というと三十歳になる年でした。母は「長男でもあるし、そろそろ身を固めてもらわないと」と焦っていたようです。誰かいい人はいないかと探している母に、「私の友人の好子さんはどうか」と妹が申し出たんです。

母はこの提案に飛びつき、好子の実家を訪ね、六月にお見合いをする段取りとなりました。妹の友人とはいえ、のちに妻になる好子と同席したのはお見合いの席が初めてでした。

お見合いでは父同士が最初から意気投合し、私と好子を含むほかの家族はほとんど口を挟むことができませんでした。両家の父がそろって話し好きで、さらに鶏好きという共通点があったからです。

好子は自分の両親の後ろに座っていて、私が「どういう女性かな」と顔を見ようとしても、なかなか見られませんでした。その日は雨が降っていて、庭のアジサイがきれいに咲いていたことを覚えています。

この日は結局、好子と会話する機会がありませんでした。お見合いの後、好子の母は「父親二人で盛り上がってしまったから、義晃さんや私たちは何も話ができなかった」とぼやいたそうです。それでも縁があったんでしょうね。縁談はうまくまとまりました。

十二月に披露宴を行った後、四国を巡る新婚旅行に出かけました。旅行中ずっと、好子が楽しそうに

新婚旅行で訪れた高松市で妻の好子と＝昭和 45 年 12 月

笑っていたことが思い出されます。

　私を含む六人きょうだいのうち妹二人が恋愛結婚だったのに対し、弟三人はいずれも私と同じく、母が世話してくれたお見合いで結婚しました。このあたりに、顔が広く社交的で「黎明舎の母さん」と親しまれていた母の性格がうかがえます。

娘を連れて営業先へ

結婚後も私は県内外の各地で鶏のひよこの営業に走り回っていました。妻のお産の時には森吉町の役場に勤めていた妻の姉が来てくれたんですが、当時を振り返って「義晃さんはほとんど家にいなかったね」と言われます。家庭的な夫とは言えませんでした。

ただ、娘二人の教育に関しては、人生経験を積ませることを意識しました。小学校の夏休みや冬休みに、営業先へよく車で連れて行ったんです。遠くへ行く時は夕食後に出発し、夜中に車を走らせました。娘が乗る助手席側に足を乗せる台を置き、シートを倒せば足を伸ばして寝られるようにしたんです。毛布も用意しましたね。

東京の取引先を訪ねた時には「子連れでここに来たのは佐藤さんが初めてだ」と言われました。ひよこの取引先に行くと、「よく来たね」と娘にお小遣いをくれる人もいました。

娘たちを営業先へ同行させることについて、妻は「連れて行かないほうがいいよ。危ないからやめなさい」と言っていました。当の娘たちは私が「東京に着いたら動物園に行こう」などと言うと、案外喜んで車に乗ってきました。

とはいえ、営業先の都合が変わったりすると、動物園に連れていくという約束を果たせなくなることもありました。だますつもりはなかったのですが、残念そうな娘を見て申し訳ないと心から思ったものです。

結婚した長女はいま、黎明舎種鶏場の専務となり、社長を務めている夫と共に養鶏業を引き継いでくれています。生き物を扱う大変な仕事を続けてくれているのは、かつて私と一緒にあちこちの営業先へ行った経験が生きているのかもしれないと思ったりもします。

令和４年秋の叙勲を受章し、家族と祝賀会で（前列左から３人目）

長女夫婦の息子、つまり私の孫も畜産系の大学で学び、養鶏関係の仕事に就いています。

将来、長女夫婦の後を継いでくれるとすれば、黎明舎の四代目ということになります。

同業者の歓迎に奔走

平成十五（二〇〇三）年、県内養鶏業者でつくる秋田県養鶏協会の三代目の会長に就任しました。十一年から副会長を務めていましたが、十五年に会長が亡くなり、役員改選で私が後を託されたんです。

会長就任から間もなく、大きなイベントの準備に奔走することになりました。この年、北海道と東北六県から約三百人が訪れる北日本養鶏研究大会が秋田市で開かれる予定になっていたためです。県内外から訪れる同業者を歓迎し、実り多い大会にしようと張り切りました。

会場はホテルでしたが、私の地元大館市から和食の料理人を連れて行くことにしました。県外から来る人たちに懇親会で本場のきりたんぽを食べてほしかったんです。わがままなお願いを受け入れてくれたホテルに感謝したものです。

また、県内の日本酒関係の団体に「来県する皆さんに味わってもらいたいので」と、地酒の提供をお願いしました。無償だったか安く分けてもらったかは覚えていませんが、懇親会では各テーブルに五、六銘柄の四合瓶を置くことができました。

懇親会に先立つ大会の記念講演に関しても、思い切ったことをしました。参加者にとって刺激になると思い、鶏卵生産規模で国内トップクラスの会社の会長に講師を依頼することにしたんです。会長本人も快く引き受けてくれました。

この話を聞きつけた日本養鶏協会の幹部からは「やめたほうがいい」と助言されました。大会に参加する中小事業者は、鶏卵市場で大きなシェア

北日本養鶏研究大会で、県の協会会長として壇上であいさつ＝平成 15 年 9 月、秋田市

を占める会社の会長の登壇を快く思わないだろうという配慮に基づく忠告でした。

結果的には当初の計画通り、大手の会長が講演しました。当日は日本養鶏協会の幹部たちも聴講しました。「どんな話をするのだろう」と気になっていたようです。養鶏の将来展望をテーマとした講演は勉強になりましたよ。

互助基金創設に一役

秋田県養鶏協会の会長は平成十五（二〇〇三）年から二十三年まで務めました。二十一、二十二年度には北海道と東北六県の養鶏協会でつくる日本養鶏協会北日本地域協議会（現北日本養鶏協議会）の会長にも就いていました。秋田県からこの協議会の会長になったのは私が初めてでした。

県の協会の会長だった時、養鶏業界に激震が走りました。日本で七十九年ぶりに鳥インフルエンザが確認されたんです。十六年一月、山口県でのことです。

鳥インフルエンザにかかった鶏の肉や卵を食べたとしても、ウイルスが人に感染する恐れはないと考えられています。それでも、「もし、わが社で起きたら」と想像すると、対岸の火事とは思えませんでした。

ただ、微力な私でも一役買えたかなと思えることがあります。鳥インフルエンザの被害農家を支える互助基金の創設に向けて走り回ったことです。

日本養鶏協会では当時、農林水産省の畜産部門を歴任した鶏の専門家が専務理事を務めていました。この専務から「野呂田芳成（のろたほうせい）先生（当時自民党、衆院秋田二区）に会って、養鶏業者への支援のお願いをしてほしい」と言われたんです。農政に理解のある野呂田先生に頼み事をするには、同じ選挙区にいる私が適任だと考えたようです。

〈野呂田氏は七年に農水相として初入閣。鳥インフルエンザに関しては、山口県での発生を受け十六年三月に自民党が設置した対策本部の本部長を務めた。令和元（二〇一九）

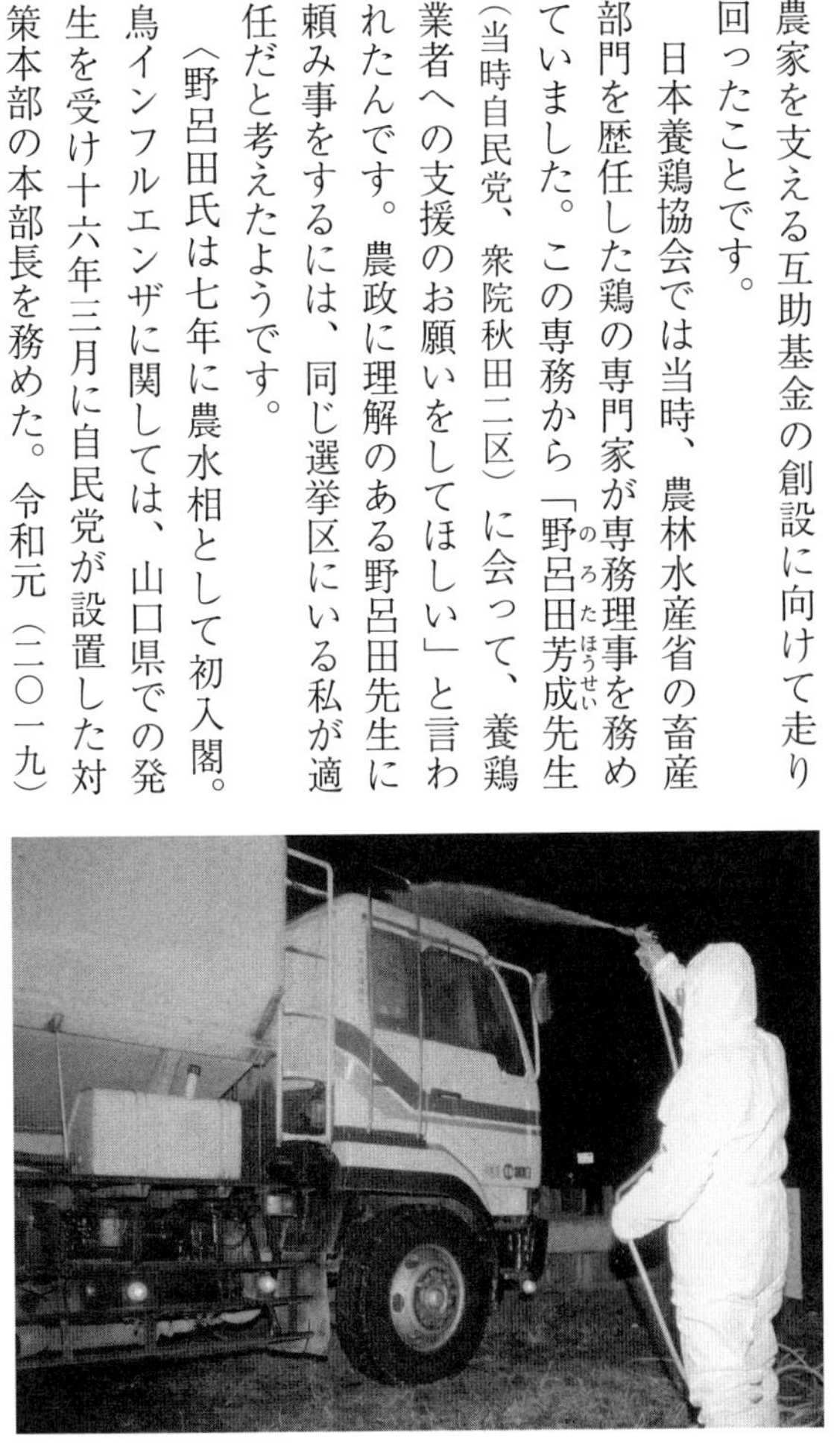

日本で79年ぶりに確認された鳥インフルエンザの感染拡大防止のため飼料運搬車を消毒する山口県職員＝平成16年1月（写真提供・共同通信社）

年に八十九歳で死去〉

何度か上京し、野呂田先生を訪ねました。先生は「選挙民に頼まれると弱いんだよ」と笑いながら話を聞いてくれました。

結果として平成十六年の年末、鳥インフルエンザが発生した養鶏業者の経営再建の支援を目的とした基金がつくられました。国からの四億円に生産者の積立金を加えた基金は、いまも運用されています。

■ 生き物相手は休みなし

鳥インフルエンザ予防に力

畜産の仕事は、家畜伝染病との闘いでもあります。養鶏業者にとって最も怖い鳥インフルエンザに関しては、運を天に任せるようなところもあります。スズメやカラスが入ってこないようにして野鳥に起因する感染を防いだとしても、病原体を媒介する可能性があるといわれるネズミなどの侵入を防ぐのはとても困難だからです。

それでも可能な限り、予防に力を注いでいます。「あれだけ注意を払っても発生するのなら仕方ない」と思ってもらえるようにしないと。「あそこは日頃からいいかげんだから、発生しても不思議じゃない」と言われたくはないですよね。

鳥インフルエンザ対策として、さまざまな指導を受けています。例えば鶏舎などに使う防鳥ネットの網の目は、二センチ角以下でなければなりません。もちろん指導に従い、ネットに破損がないか定期的に調べています。また、わが社では鳥インフルエンザが発生した場合に備えて、重機を所有する土建業者と契約しています。処分した鶏を埋却してもらうためです。

鳥インフルエンザを防ごうという行政の熱意も素晴らしいですよ。ある時、わが社の施設に来た県の北部家畜保健衛生所の職員は靴を浸す消毒槽に手を入れ、消毒液の臭いを嗅ぎました。臭いの強弱で効果が分かるんです。手についた消毒液の臭いはなかなかとれないんですが…。

消毒のため、施設の出入り口につながる道路に消石灰をまくこともあります。道路が白くなるから申し訳ないと思うんですが、家畜保健衛生所の職員からは「その点は気にしなくていいですよ。もし鳥インフルエンザが発生したら、それどころじゃないんですから」と言われました。

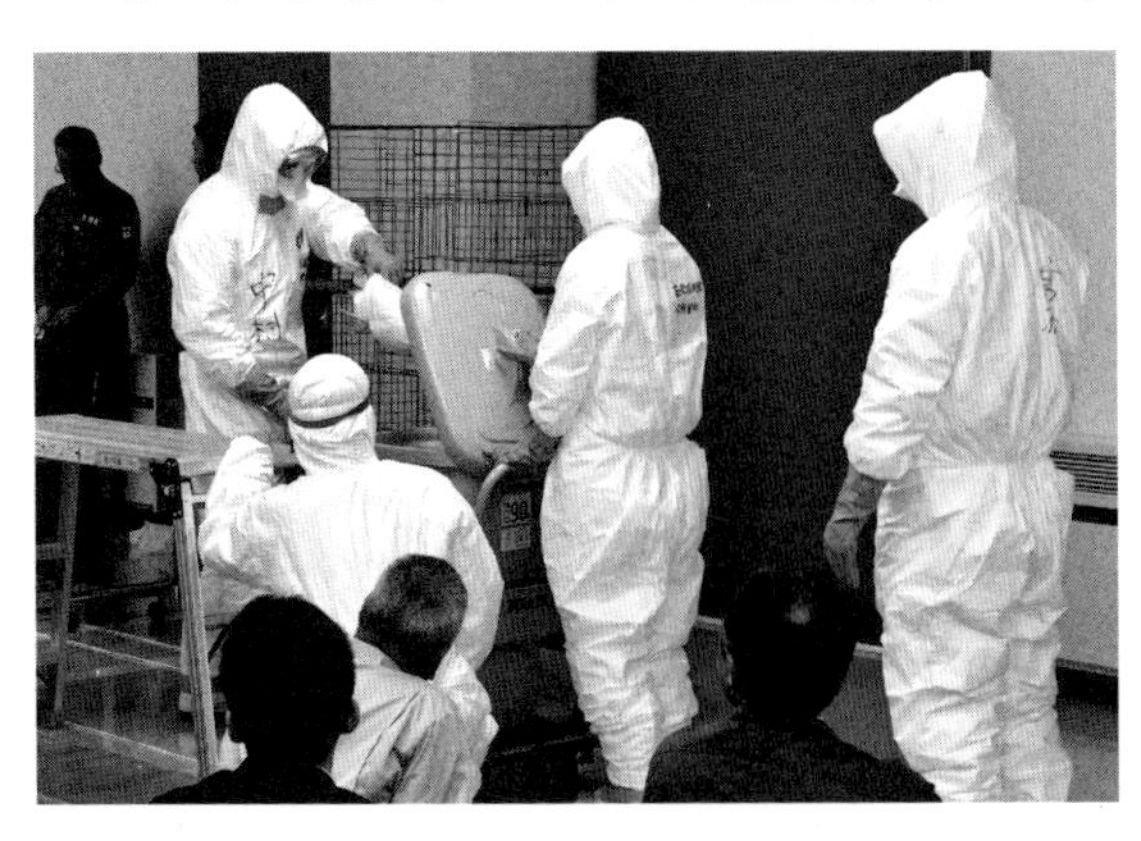

鳥インフルエンザを想定した演習で防疫の手順を確認する県職員ら＝平成30年、秋田市

〈平成十六（二〇〇四）年、国内で七十九年ぶりに山口県の採卵養鶏場で確認された高病原性鳥インフルエンザ。これ以降、鶏など家禽（かきん）の鳥インフルエンザは令和五（二〇二三）年度までに全国で二百二十二例（うち県内二例）が確認されている〉

ワクチン、百二十日で十回

鶏の病気は鳥インフルエンザだけではありません。消化器や呼吸器に変調を来すニューカッスル病、皮膚や粘膜が侵される鶏痘（けいとう）、リンパ腫を引き起こすマレック病、そして人の食中毒の原因にもなるサルモネラ菌の感染症などが挙げられます。

ウイルスや細菌によるこれらの病気の予防にはワクチンが欠かせません。マレック病や鶏痘のワクチンは孵化したら間もなく接種します。成鶏用の鶏舎に移すまでの百二十日間だけでも十回ほどワクチンの接種や投与をします。大量のひよこ一羽一羽に注射でワクチン接種するのは一仕事です。

注射以外にも、噴霧するものや飲み水に混ぜるものがあります。飲み水に混ぜる場合、与える前にいったん水を与えるのを止めます。喉が渇いた頃合いを見てワクチンの入った水を与えると勢いよく飲むので、ワクチンもしっかり吸収されるわけです。

この水を飲んでもらえないと病気予防の効果が薄れます。ワクチンが十分に取り込まれたかどうかは家畜保健衛生所がサンプルを抽出し、採血して抗体価を調べれば分かります。いかに的確に水を止めてワクチン入りの水を飲んでもらうか。養鶏業者の腕が試されます。

病原体を持ち込まないため、私たちも細心の注意を払っています。ある鶏舎から別の鶏舎に移るときはその都度、作業着や長靴を取り換えるので、鶏舎ごとに着替え用の小屋を設けています。「踏み込み消毒」も必須です。履き替えた長靴ごと足を消毒槽に浸すんです。

関係者以外立ち入り禁止なのはもちろん、何かあったときのため、飼料や暖房用の灯油など

鳥インフルエンザ対策で来訪者にも車や靴底の消毒を呼びかけている＝令和６年４月24日、大館市御成町の黎明舎種鶏場本社

の納入業者にも入退場の時刻を記入してもらいます。その記録は一年間の保存が義務付けられています。鶏や人に有害なものを持ち込まない、持ち出させないという意識は絶えず持っていなければなりません。

市日の交流を今後も

わが家の養鶏業は昭和二十二（一九四七）年、県北各地の市日で鶏のひよこを売ることから始まりました。いまは大館市の扇田と大館、鹿角市花輪の市日に店を出し、卵を売っています。このうち「五」「ゼロ」のつく日に開かれる扇田の市日では、出店者でつくる市日会の会長を務めています。

市日では妻が卵を売ってくれています。妻も八十歳になりますが、人生百年時代、家にいてばかりではいけないということで、元気に働いています。私が大館商工会議所の会頭としての役目を果たせるのは妻の支えがあってのこと。妻には感謝していますし、百歳を目指してほしいと願っています。

市日に来るお客さんは会場の近くに住んでいる高齢の方が多いですね。皆さん、買い物もさることながら、会話を楽しみにしているようです。「スーパーではなかなかおしゃべりできないから」というお年寄りが、顔なじみの出店者と談笑する姿をよく見かけます。

人口減少と高齢化が進む中、出店者とお客さんが今後も交流を楽しめるよう、さまざまな仕掛けを展開したいものだと常に考えています。幸い、私のそうした思いに共感してくれる人たちもいます。

扇田の市日会場に近い秋田職業能力開発短期大学校は移動式の茶席を貸してくれて、春は市日茶会を開いています。大館市を拠点に活動する男性二人組の歌手「ダックスムーン」が歌を披露したり、地元の児童が太鼓を演奏したりしてくれたこともありました。

扇田の市日は藩政期には既に開かれていたといいますし、他の市日も長い歴史があります。後世に継承していくため、市日でやれることがあ

扇田の市日で卵を売る妻の好子＝令和6年3月30日

ればどんどん取り組みたいんです。

　その結果として子どもたちが「地元にもいいところがある」と気付いてくれたらうれしいですよね。そんな小さな気付きの記憶が、若者の定着やＵターンにつながるかもしれません。

年中無休で鶏を観察

養鶏は生き物を扱う仕事なので、気が休まることはありません。「きょうは日曜日だから餌は月曜日に与えればいいや」というわけにはいかないですから。年中無休で大変ですが、そういう家で育ってきましたので、慣れてしまいました。

鳥インフルエンザがいつ発生するか分からないという怖さもあって、観察は私たちの責務です。鶏たちがいま健康だからあしたも大丈夫だという保証はないんです。健康状態は毎日見続けています。

黎明舎種鶏場の社長は長女の夫に任せましたが、大館商工会議所などの用事がない限り、北秋田市にあるわが社の育雛施設「クリーンチック」に足を運ぶようにしています。目覚まし時計を二個、それぞれ午前四時と四時半にセットし、起きたら新聞を読んで朝食をとり、六時前には鶏を見に行きます。

自慢ではありませんが、鶏の健康状態を見極める眼力はあるつもりです。長く鶏を観察してきた経験の蓄積です。

観察は鶏舎に入った瞬間から始まります。温度はどうか、臭いはどうか、動きは活発か、食欲は旺盛か。あまり餌が減っていない場合、飲み水が十分かどうかも確かめます。飼料は乾燥しているので、鶏は水を飲みながら食べないと喉が詰まったような状態になり、食が進まなくなるんです。

ひと通り確認すると新たに餌を与えます。餌やりをしない日が数日続くと、私は体重が二、三キロ増えてしまうんです。餌が全部に行き渡るように、こぼさないように与えるのは相当の重労働ですが、従業員が一時間かける作業を、私が四十分

昭和 30 年代の鶏舎。当時から従業員みんなで鶏の健康観察を続けてきた

ほどで片付けることもあります。

　鶏だけでなく、人に対しても気は使います。鶏の餌には魚粉が入っていて、その臭いが作業着に移ります。だから作業後に会合などがある場合、帰宅後すぐ風呂に入ります。人と会う時間から逆算して一日のスケジュールを立てているんです。

クマといたちごっこ

秋田県では令和五（二〇二三）年、クマの出没が続発し、人身被害が過去最多を更新しました。農業被害も多く、比内地鶏を含む鶏が襲われた例もありました。

〈県によると、県内で令和五年度に寄せられたクマの目撃情報は三千七百二十三件、人身被害は六十二件七十人。クマによる農業被害（五年四月～六年一月）は一億五千五百万円。果樹一億二千万円、鶏を含む「その他（畜林水産物）」二千万円など。環境省は六年四月、クマを「指定管理鳥獣」とした〉

三、四年前のことだったと思いますが、北秋田市にあるわが社の育雛施設にも十回前後、クマが来ました。十棟ほどの鶏舎のうち、最初に襲われるのはやはり山に近い方の鶏舎ですね。そこで山側の鶏舎に電気柵を設置したら、今度は電気柵を張り巡らせていない棟に入られました。いたちごっこです。

他の養鶏場では作業のため電気柵のスイッチを切り、作業後にスイッチを入れるのを忘れたところ、クマに入られたそうです。クマは鼻先で電流を感じたら退散すると言われますが、電気が流れていないと分かれば入ってくるんです。

警戒策の一つとして、衛生管理区域の外に番犬を配置しています。とはいえ、犬がクマを怖がらないというわけではありません。ある時、シェパードが騒ぐので従業員に見に行ってもらったら「クマが来たようで、シェパードがおびえて伏せていました」と報告がありました。

鶏舎近くに敷設していた鋼製のワイヤメッシュがクマにぐにゃっと曲げられたこともありました。クマの力の強さを思い知らされました。

カキの木に登ったクマ（令和５年10月、北秋田市で撮影）。クマは鶏舎にも侵入している

鶏専門の獣医である弟が「兄貴、爆竹を鳴らせばいいよ」と助言してくれて、ある程度の量の爆竹を調達しましたが、どれだけ効き目があるか…。日が沈み始めてから山側の鶏舎に行くのは、気持ちのいいものではないです。その後も目撃情報の多い状況が続いており心配ですね。

■ 地鶏守るために尽力

上京し比内地鶏PR

わが社の商いは県北各地の市日での卵肉兼用種のひよこ売りから始まり、採卵鶏の種鶏となるひなの供給にシフトしました。いまは卵の生産と出荷が軸ですが、一時期、比内地鶏のひなを大量に受注生産し、飼育農家や生産者団体から多くの引き合いがありました。

比内地鶏に関しては、私以上に弟たちが情熱を注いでいましたね。四歳下の弟は昭和五十（一九七五）年ごろから国の天然記念物の比内鶏をベースとした種鶏や交配種の供給を始めました。六歳下の弟は平成九（一九九七）年ごろ、比内地鶏のひなの育成と販売に乗り出し、十一年には「秋田高原フード」という会社をつくりました。

これは父の影響を強く受けたためです。父は昭和三十年代から比内鶏を含む日本鶏の収集と研究に打ち込んでいて、弟たちはその姿を見てきたからです。

私自身も比内地鶏には可能性を感じていました。四十年ごろだったと思いますが、地元の養鶏業の先輩が比内地鶏の生産に乗り出すことになりました。先輩は孵化施設を持っていなかったので、わが社で比内地鶏の卵を預かり、ひよこにして届ける業務をしたこともありました。

　こうした家族環境や自らの経験により、比内地鶏を全国に広めたいという気持ちが強くなりました。そこで大館市釈迦内にあった大手の食肉加工会社の出張所へ相談に行ったんです。顔見知りの所長に思いを伝えたところ、「うちの本社に行ってみてよ」と東京にある本社との橋渡しをしてくれたんです。

　私は早速上京し、比内地鶏の魅力をアピールしました。対応してくれた人は「比内地鶏はかめばかむほどおいしいことは知っている」と認めてく

本県の特産である比内地鶏。大手の販路に乗せる夢はかなわなかった

れましたが、「車一台で持って歩ける程度だと商売にならないよ」と諭されました。量が十分確保できなければ全国展開は難しいという通告でした。大手の販路に乗せてもらう夢は、残念ながらかないませんでした。

表示偽装に業界激震

比内地鶏を大手食肉加工会社の販路に乗せてもらう挑戦は実を結びませんでしたが、弟たちが育種し改良してきた比内地鶏を出荷する事業は順調でした。主に県北の飼育農家や生産者団体から注文を受け、ひなを供給していました。

そんな中、わが社を含めた比内地鶏に関わる業界や畜産行政に激震をもたらす出来事が起きました。「比内地鶏表示偽装」です。平成十九（二〇〇七）年十月、大館保健所への匿名の通報をきっかけに、地元の業者が廃鶏（卵を産みにくくなった鶏）の肉を使った商品に「比内地鶏」と表示して販売したことが表面化し、事件になりました。

〈比内地鶏表示偽装は、大館市の食肉加工製造会社社長（当時）が詐欺と不正競争防止法違反（虚偽表示）の罪に問われた事件。確定判決などによると、社長は十八年四月〜十九年九月、県内外十一社から代金として計六千三百二十八万円を受け取った〉

私は北秋田市にある自社の農場へ行く時、いつも大館市の二井田地区を通るんですが、あの頃は車を走らせながら「大変な騒ぎになったな」と思ったものでした。事件を起こした会社はこの地区にあって、報道陣が乗り付けた大きな車が道路によく止まっていたからです。

事件を受け、比内地鶏に携わる人々は、それぞれに対応を迫られました。県は生産者の要請に応じ、飼育現場を確認した上で、取り扱っている生体が比内地鶏だと保証する確認書を発行しました。大館市は交流のある東京都渋谷区での催しで比内地鶏の良さをＰＲしました。

大館市議会からは、比内地鶏のブランドと良心的な生産者を守るため認証制度が必要だとの声が

比内地鶏表示偽装の当該会社の調査に入る県職員＝平成 19 年 10 月、大館市

上がりました。県も制度創設へ動き出し、比内地鶏であるとお墨付きを与えるためのＤＮＡ識別について検討を始めました。このＤＮＡ識別を巡り、わが社は大きな決断を迫られることになります。

ひな「一本化」に合意

比内地鶏表示偽装事件を受けて、県は比内地鶏ブランド認証制度の創設へ動き出しました。その一環として、比内地鶏であるかどうかを見極めるためＤＮＡ識別の導入の検討を始めました。識別の技術は県が確立させていました。

当時、比内地鶏のひなは二系統が流通していました。一つは県畜産試験場が昭和五十三（一九七八）年から普及させてきた「県系統」です。もう一つはわが社の「黎明舎系統」。父や弟が三十年代から研究・開発してきた系統です。双方とも秋田比内鶏の雄とロードアイランドレッドの雌との交配種ですが、父鶏の系譜に違いがありました。

県系統も黎明舎系統も父鶏については純血種をベースとしていますが、改良の仕方が異なりました。黎明舎系統の父鶏に関しては、繁殖力や耐病性を高めて肉質を向上させるための改良を試みてきたので、県系統とはＤＮＡが一致しません。

父鶏のＤＮＡが違えば、そこから生まれる比内地鶏のＤＮＡは当然異なります。県の識別では県系統のＤＮＡかどうかは確認できますが、黎明舎系統か否かを確かめることはできません。この識別によって比内地鶏であると認められるのは県系統だけとなるわけです。

　黎明舎系統のひなが新認証制度で比内地鶏と見なされなくなるのは深刻な事態でした。黎明舎系統のひなを仕入れている生産者にとっても困ることでした。二系統のひなのうち、黎明舎系統を選ぶ生産者の方が多かったからです。

〈偽装事件表面化前年、比内地鶏の飼養戸数は百三十五戸で、出荷数は約七十二万六千羽だった。このうち黎明舎系統が七割を占め、県系統は三割

比内地鶏のブランド認証制度や系統について報じた秋田魁新報の記事

だった〉

結果的に、わが社として黎明舎系統のひなを供給することは断念しました。ＤＮＡ識別で比内地鶏と認められる県系統に切り替え、ひなの「一本化」に合意する決断をしたのです。

沈静化へ苦渋の選択

比内地鶏ブランド認証の制度化に向け、わが社は独自に開発してきた「黎明舎系統」のひなから、ＤＮＡ識別で比内地鶏と認められる「県系統」への切り替えを決めました。ただ、比内地鶏の出荷量の七割は黎明舎系統だったので、生産者からは戸惑いの声も聞かれました。

生産者団体の会合では「支持されてきた（黎明社系統の）味が変わったら消費者離れを招きかねない」との意見があったそうです。「黎明舎系統は需要があるのだから、両方の系統を認証制度の対象にしてほしい」と望む人もいたといいます。

私自身も「黎明舎系統の供給を続けてほしい」という声を頂きました。ですが、当時は偽装表示事件を契機に比内地鶏を巡る状況が騒々しくなっていて、沈静化を図るにはわが社が認証制度に協力すべきだと考え、苦渋の選択をしたんです。

その頃は卵に力を入れようと考えていたことも理由の一つです。老いを感じるようになり、黎明舎系統の維持に情熱を傾けるのが難しくなってきたというのも正直なところです。

いまも比内地鶏のひなの供給はしています。扱っているのはもちろん県系統で、ブランド認証事業者にもなっていますが、比内地鶏に関する業務は徐々に縮小しています。生産者が減っていることが一因です。

〈比内地鶏飼養戸数は平成二十（二〇〇八）年の百四十九戸（生産七十八万羽）がピーク。令和五（二〇二三）年は七十二戸（同四十一万四千羽）だった〉

それでも、黎明舎系統が消滅したわけではありません。北秋田市の「秋田高原フード」が飼育しています。六歳下の弟がつくった会社で、現在はめいが代表を務めています。わが社はここから卵を預かって孵化させ、ひよこを届けています。

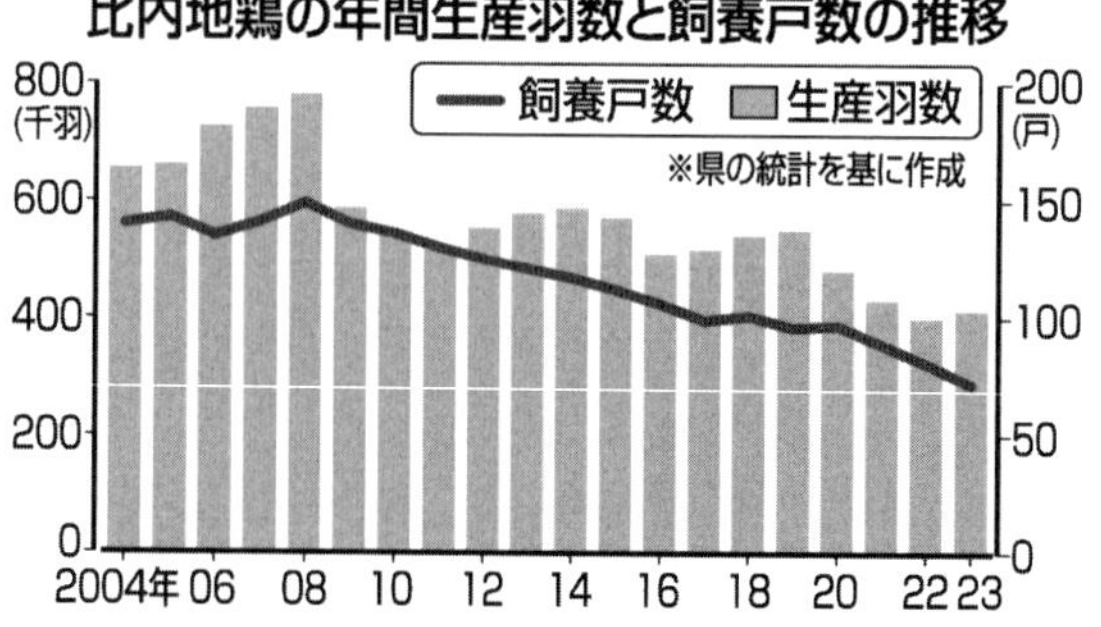

めいの会社はこのひよこを育てて加工し、「高原比内地鶏」という登録商標で食肉を出荷しています。県の認証制度には加わっていませんが、味が良いと評価されています。

地鶏の議論深めたい

比内地鶏を巡って、佐竹敬久（のりひさ）知事が「（食感が）硬い」と発言した一幕がありましたね。令和四（二〇二二）年八月、記録的大雨で被害に遭った比内地鶏農家への支援を求めるJA秋田中央会関係者と面談した席のことです。

この発言を受け、比内地鶏を扱っている生産者や販売業者の間で戸惑いが広がりました。ですが、私は比内地鶏の在り方を再検討する上で一考に値する発言だったと思っています。例えば鹿児島県では、国の天然記念物の「薩摩鶏（さつまどり）」の雄に別々の雌を交配させた地鶏を三種類つくっています。飲食店では提供する料理に応じてそれぞれ使い分けているようです。

比内地鶏に関しても、交配種を変えるかどうかは別として、「出荷までの期間を短くして肉の柔らかい鶏をつくり、消費者の選択肢を広げてもいいのではないか」という声を時折聞きます。「いまの飼い方でいい」という意見も含め、まずは議論を深めたいものです。

〈平成二十（二〇〇八）年に県が設けた比内地鶏ブランド認証制度は、秋田比内鶏の雄と、肉用種ロードアイランドレッドの雌との一代交雑種を比内地鶏と定義。▽二十八日齢以降は平飼いか放し飼い▽一平方メートル当たり五羽以下▽雌は百五十日以上、雄は百日以上―という三つの飼育基準がある〉

大館市内の休耕田を利用して比内地鶏専用の飼料作物をつくることも考えられます。大手食肉加工メーカーの協力を仰ぎ、これからの時代に合った比内地鶏の商品や販路を開発し、大館の一大産業として発信することも必要だと思い

比内地鶏を巡る発言について報道陣の取材に応じる佐竹知事＝令和４年８月、県庁

ます。

比内地鶏を使ったきりたんぽ鍋は愛され続けるでしょうが、鍋に過度に依存していてはいけないでしょう。比内地鶏に関わってきた身としては、元気なうちに新たな活用策を考え、若い人が比内地鶏関連の産業に興味を持てるようにしたいですね。「夢はでっかく」です。

■ 変化に即し一歩一歩

ニーズに応じ卵提供

現在、わが社の商いの中心は鶏卵の出荷です。大館市に本社があるスーパー「いとく」さんの各店に置いてもらっています。予想以上に卵の売れ行きがいいときはすぐに追加納入し、店や消費者に不便をかけないようにするなど、きめ細かい対応を心がけています。食卓の必需品である卵を提供する責任の大きさはよく理解しています。

いとくさんには私もよく足を運んでいます。わが社の卵が買い物かごに入っているのを見ると、やはりうれしいものです。「この卵を買ってくれて、どうもありがとうございます」と思わず声をかけてしまったことが二、三度あります。突然声をかけられたお客さんはきょとんとしていましたね。

昔は肉屋や八百屋、総菜屋などでも卵を売っていました。副業的に鶏を飼っている人が個人商店に卵を置いてもらうことができたんです。しかしスーパーが台頭し、食の安全についての消費者意識が高まるにつれ、質と量を担保できる養鶏業者でなければ店頭に並べてもらえない時代になっています。

売り方の工夫も必要です。過去の話ですが、わが社の卵の付加価値を高めようと、赤い卵と白い卵をミックスしたパックを出したことがあります。これは結構引き合いがありました。

ただ、赤と白を交互に詰める作業はかなり面倒でした。従業員から「手がかかり過ぎます。勘弁してください」と悲鳴が上がり長く続けることはできませんでした。それでも、どういう卵を提案できるか知恵を絞ったことは無駄ではなかったと思っています。

十個入りパックだけでなく、核家族化の進行によって六個入りや四個入りのパックを買い求める人も増え

店頭に並んだ黎明舎種鶏場の卵＝令和６年４月17日、大館市御成町のいとく大館ショッピングセンター

ています。みんなが一日二個ずつ食べてくれればいいのですが、そうもいきませんからね。安全で安心な卵を、消費者のニーズに応じて提供する。私たちの役割はこれに尽きると確信しています。

「優等生」堅持へ努力

身近なたんぱく源である鶏卵は「物価の優等生」と言われてきました。価格が大きく高騰することがなかったからです。私たち生産者はその評価を堅持するべく努力していますが、将来どうなるかは見通せません。

生でも安心して食べられる安全な卵を提供するには衛生的な施設や設備が必要です。養鶏、とりわけ採卵鶏の業界は、設備投資の資金を調達できる大手を中心に寡占化が進んでいるのが現状です。

〈農林水産省の畜産統計調査によると、平成十（一九九八）年に五千三百九十戸だった全国の採卵鶏飼養者（千羽以上）は、令和五（二〇二三）年に千六百九十戸に減少。一飼養者当たりの飼養羽数は二万六千九百五十七羽から七万六千百羽に増加した〉

飼育する採卵鶏の数が多い大手で供給に支障が生じれば、鶏卵市場全体に影響が及びます。卵は令和四年の秋から五年末まで高値で推移しました。農場での鳥インフルエンザ感染が相次いで確認されて国内の採卵鶏全体の一割強が処分され、供給が減ったからです。

〈JA全農たまごによると、鶏卵一キロの月平均卸売価格（東京地区、Mサイズ基準値）は四年八月に二百四円だったが、翌月から上昇基調に転じた。四年十月～五年四月に鶏など家禽の鳥インフルが八十四例確認されたためで、五年四、五月には過去最高の三百五十円となった〉

　鳥インフルエンザだけでなく、ロシアによるウクライナ侵攻も影響しています。世界的に穀物の確保が厳しくなり、飼料価格が上がっているからです。この状態が続けば、物価の優等生の座を守るのは難しくなるのではないかと心配しています。

　私たちがすべきことは、衛生管理基準を順守して可能な限

卵の市場価格 月平均の推移
（東京地区、Mサイズ基準値、1kg当たり）

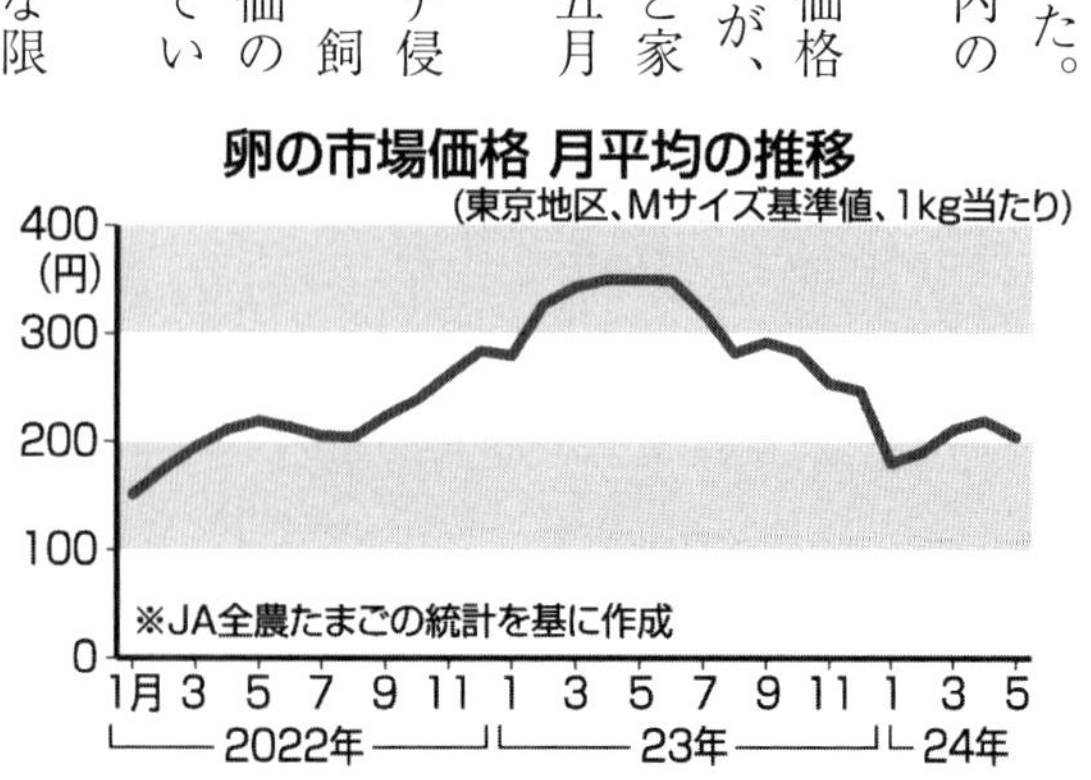

り鶏を病気から守り、人口が減る中でも従業員の確保に努めることでしょう。卵を買い求めてくれる方たちのためにも、業界全体で踏ん張っていかなければなりません。

商議所九代目会頭に

黎明舎種鶏場社長就任から六年後の昭和四十七（一九七二）年、大館商工会議所に入りました。卸売商業部会の一員として活動し、六十一年には会員の投票で決まる一号議員に立候補して当選しました。その後、部会ごとに選ばれる二号議員、会頭が選任する三号議員となりました。議員は会員の代表として商議所運営を担います。

一号議員の選挙に出たのは商議所の先輩の勧めがあったからです。商売にプラスになるとか地域のために何かしたいという志があったわけでなく、愚直に先輩の助言に従ったというだけの話です。

平成二十二（二〇一〇）年に副会頭になりました。この年の役員改選で、私より十歳ほど下だった三浦清久（きよひさ）さん（当時三浦木材社長、二十四年死去）が副会頭から会頭に就任する流れになっていて「（年上の）佐藤さんにお目付け役として副会頭をお願いしたい」と言われていたんです。

三浦会頭と次の中田直文（なおふみ）会頭（当時大館製作所社長）の下で副会頭を三期九年務め、令和元（二〇一九）年に会頭に就きました。九代目会頭となり身が引き締まる思いがしたことを覚えています。一期で退くつもりでしたが、令和四年から二期目の任期に入りました。

会員千五百二人（令和六年三月末現在）が名を連ねる大館商議所のミッションは、地域の総合経済団体としてまちづくりの提案や要望を行政に伝えていくことです。行政と経済団体は車の両輪。商議所は時に行政の露払いをし、あるいは太刀持ちをすることもありますが、いたずらに行政に迎合すべきではないと考えています。

商議所がすべきことの範囲かどうか見極める必要はありますが、意見

大館商議所会頭に就任し、秋田魁新報社のインタビューに答える＝令和元年 11 月

は意見として申し上げることが大事です。今後も時宜を得た取り組みを提言していきたいと思っています。行政にすれば煙たいと思う場面があるかもしれませんが、言うべきことは言わなければね。

話のネタ、ラジオから

大館商工会議所の会頭になってから人前で話す機会が増えました。話のネタについては、車の中で聞くラジオ放送からヒントを得ることもあります。心に響いた言葉があれば、忘れないうちに書き留めます。ほかの人の言葉で感銘を受けたものがあれば拾い上げ、自分なりに消化するようにしています。

新聞も普段から丁寧に読んでいます。分からない言葉は、傍らに置いている辞書を引いて理解するようにしています。あいさつなどに使えそうな言葉は新聞にも多くあります。商議所会頭としてあいさつする場合、内容は事務局が考えてくれることもあります。令和六（二〇二四）年一月の商工業界新年祝賀会では、事務局からA四判二枚の文案をもらいました。

ペーパーを見て話すのは楽ですが、どうも身が入りません。事務方が「ここは話してください」という部分を尊重しつつ、構成や言い回しを少しだけ変えることもあります。文案をそのまま読み上げるだけでは思いが伝わらない気がするんです。

何度経験しても、多くの人の前で話すことには慣れません。それでも「あのあいさつ、まあまあ良かったな」と思ってもらえるように努力はしています。娘から「長いあいさつは嫌がられるよ」とくぎを刺されているので、三分間なら三分間で伝えたいことの核心は盛り込むようにしています。

大館商議所の通常議員総会であいさつ＝令和６年３月29日、大館市のプラザ杉の子

一方、あいさつと違い、表明するべき意見は臆せず述べるようにしています。県養鶏協会の会長だった頃、日本養鶏協会の総会に出席し、挙手して発言したことを思い出します。

その総会の席上、私は、養鶏業界で大手の寡占化が進む中、小規模事業者のことも考慮して協会を運営するよう求めたんです。「禍根を残すような運営であってはならない」と述べると会場から拍手が起きました。小規模事業者の同志が思っていても言えないことを言ったからでしょうね。

園遊会で「一生の宝」

父から引き継いだ養鶏業を続ける一方、大館商工会議所の議員や副会頭、会頭を務めてきたことで、表彰を受ける場面もありました。愚直にやってきただけなんですが、認められるというのは何歳になってもうれしいものです。

〈平成二十八（二〇一六）年、日本商工会議所会頭と東北六県商工会議所連合会長から永年勤続表彰を受けた。令和四（二〇二二）年には秋の叙勲（旭日小綬章、産業振興功労）を受章〉

平成二十二年十月には、天皇・皇后両陛下主催の秋の園遊会に招待されました。雨が降る日でした。都内のホテルで礼装に着替え、妻と共にバスで園遊会会場の赤坂御苑に向かいました。

千六百人ぐらい招かれているということで混雑を避けようとしたら、予想外に早く到着してしまいました。会場には軽食を提供するテントがあり、中には栃木県の御料牧場で育てられたカモの串焼きなどが並んでいたと記憶しています。

それを食べることなく「早いに越したことはない」と集合場所の一番前に立ちました。やがて私の後ろに続々と行列ができました。参列者は皇族からお言葉を頂きます。私の隣にいた人には天皇陛下が「大変ご苦労さまでしたね」とねぎらわれていました。後で知ったのですが、私の隣にいたのは人事院の総裁だった方だそうです。

私には常陸宮妃華子さまが声をかけてくださいました。私の胸の名札に記されていた社名を見て、華子さまは「黎明舎とは何をしているところですか」と尋ねられました。「養鶏業です。

赤坂御苑での秋の園遊会に招かれた際、妻の好子と＝平成22年10月

比内地鶏などを育てています」と答えると、「きりたんぽ鍋に使う鶏ですね」と述べられました。

テントでゆっくりカモの串焼きを食べていたら最前列に陣取ることはできず、華子さまからお言葉を頂くこともなかったでしょう。華子さまが黎明舎という社名をおっしゃってくれた思い出は一生の宝物です。

「秋田犬のまち」模索

大館商工会議所の会頭という立場もあり、年を重ねるにつれ、地域活性化への思いが強くなっています。考えていることの一つが、市の観光交流施設「秋田犬の里」を生かした「秋田犬のまち」づくりです。JR大館駅に近い立地でもあり、駅から観光客が回遊できるルートを確立させたいものです。

知人から「一人の百歩より百人の一歩が大切」と聞き、感銘を受けたことがあります。この言葉に学び、秋田犬の里や大館駅の周辺にある店舗、事業所が協力して誘客を図りたいと願っていますが、中には消極的な声も聞かれます。

「情けは人のためならず」で長い目で見れば自分の商いにもプラスになると思うのですが。人口減が進む中、ふるさとを守るため、百人で一歩を踏み出したいものです。

秋田犬の里が令和元（二〇一九）年五月にグランドオープンした際、訪れた佐竹敬久知事から「この施設に魂を入れるのは市民ですよ。生かすも殺すも地元次第ですよ」と助言を頂きました。私も同感です。「一度見たらもういいや」と言われないためにも、「次は何をするの」と期待してもらえるような仕掛けを考えるべきです。

大館市は忠犬ハチ公のふるさとで、秋田犬の本場です。ハチ公生誕百年の令和五年は盛り上がりましたが、取り組めることはもっとあると思います。大館商議所は過去に、秋田犬を飼う人に餌代の一部を助成する仕組みをつくったことがあります。秋田犬と飼い主が歩く姿をあちこちで見られる大館市にしたいと考えたんです。

老朽化が著しい秋田犬会館についても、将来的にどうするのか、秋田犬の里といかに結び付けるかという点で議論の余地があると考えます。秋田犬を展示している施設は県内の

観光客にも人気の秋田犬＝令和５年９月、秋田犬の里

他自治体にもありますが、「見るならやっぱり大館市だな」と感じてもらえるようにしたいんです。

時代捉えさらに挑戦

大館商工会議所会頭の仕事で令和六年六月、ベトナムを訪ねました。八十三歳にして初めての海外渡航でした。介護人材受け入れに向けた取り組みの一環です。先行して道筋をつけた能代商議所がホーチミンの医科短大と協定を結ぶ場面に同席させてもらうなど、外国からの人材受け入れについて学んできました。

分野や地域を問わず人手不足は深刻です。この課題を解決しようという能代商議所の姿勢は素晴らしいと思います。持続可能な大館づくりのため、私も時代の流れを捉え、さらに挑戦を続けていこうと気持ちを新たにしました。

思えば商議所の活動も家業の養鶏業も、時代に即した試みの連続でした。養鶏業に関して言えば、消費者ニーズを読み誤って経営を断念せざるを得なかった仲間もいます。私は幸い「庭先養鶏」の先細りを予感し、農家へのひよこの供給から鶏卵生産にシフトできました。運も良かったんでしょうが、自分なりに社会の変化を見極めようとしてきたのは確かです。

　人口が減って市場が縮小する中、私の後を継いだ社長（長女の夫）と専務（長女）が取引先を維持したり、開拓したりする苦労はかなりのものでしょう。社長夫妻は養鶏業界の集まりに積極的に出席し、最新情報を集めています。その努力から地域や時代にマッチした経営方針が生まれると信じています。

　私も長く情報収集に奔走してきましたが、それはさまざまな人との縁があって得られたものでした。いまの私があるのは、支えてくれた皆さんのおかげです。社長夫妻にも四代目社長の

初の海外渡航先のベトナム・ホーチミン市で観光名所のベンタン市場を視察＝令和６年６月12日

候補である孫にも、多くの方々にかわいがってもらえる人になってほしいと願っています。

会社経営の最前線から離れたとはいえ、鶏の世話は続けますし、商議所での提言もしていきます。体が動くうちは役目を全うしたいんです。

あとがきにかえて

秋田魁新報の連載「シリーズ時代を語る」で取り上げてもらったことに、当初は戸惑いと「穴があったら入りたい」という思いでした。

しかし時間がたつに従って、これまでの自分の生き方をかみしめる良い機会をつくってもらったと思うようになりました。いまは「よくまとめてもらった」と感謝の気持ちでいっぱいです。連載を担当していただいた秋田魁新報社大館支社長の高野正巳さんには、大変お世話になりました。ありがとうございました。

連載が終わったいまも毎日農場を回っています。ここ数年は国内で冬場を中心に鳥インフルエンザの感染拡大が起きており、予防のために細心の注意を払っています。農場に行くと真っ先に、鶏たちの様子を確認します。消費者の皆さんに心配をかけず、確実に卵を届けられるように、できることを最大限やるしかありません。

ここで改めて書き加えたいことは、自信はありませんが、これからは人生百年を目指して、少しでも地域社会の役に立ちたいということ。そして、これまで導いてくださったさまざまな方々に恩返しをしたい、ということです。

昔ふと耳にしたこんな言葉を、このところよく口にしています。

「老いの坂　なお一徹にのぼりゆく　負けてたまるか　負けてたまるか」

そして、とある演歌の歌詞にあるように「自分自身に笑われる生き方はしたくない」という思いを強くしています。

これまでお世話になった方々に、心から感謝申し上げます。

令和七年三月

佐藤　義晃

がむしゃらに養鶏一筋

語　　り　佐藤 義晃
編　　著　秋田 魁 新報社
発 行 日　2025年4月25日

発 行 人　佐川 博之
発 行 所　株式会社秋田魁新報社
〒010-8601 秋田市山王臨海町1-1
Tel.018(888)1859
Fax.018(863)5353

定　　価　880円（本体800円＋税）

印刷・製本　秋田活版印刷株式会社

乱丁、落丁はお取り替えします。
ISBN 978-4-87020-445-4　C0223　¥800E
© Akita Sakigake Shimpo Co., Ltd. 2025　Printed in Japan

秋田魁新報社の本

佐藤 稔・著

あきた弁 一語一会

秋田大学名誉教授の著者が、200を超す秋田弁について語源や用例を軽妙な筆致で解説する。秋田魁新報の人気連載を書籍化。1210円。

岸本 尚毅・著

露月百句

秋田市雄和出身の俳人で、正岡子規に才能を高く評価された石井露月。生涯で残した約1万句から100句を選び鑑賞、その魅力を伝える。1540円。

秋田魁新報「地方創生」取材班・著

地方創生 失われた十年とこれから

政府が看板政策として「地方創生」を始めてから10年。〝人口減先進地〟の秋田から政策の問題点を検証し、地方の未来を模索する。1980円。